W. Sparrow (William Sparrow) Simpson

Visitations of Churches Belonging to St. Paul's Cathedral,

1249-1252

W. Sparrow (William Sparrow) Simpson

Visitations of Churches Belonging to St. Paul's Cathedral, 1249-1252

ISBN/EAN: 9783337162191

Printed in Europe, USA, Canada, Australia, Japan

Cover: Foto ©ninafisch / pixelio.de

More available books at **www.hansebooks.com**

THE CAMDEN MISCELLANY,

VOLUME THE NINTH:

CONTAINING

VISITATIONS OF CHURCHES IN THE PATRONAGE OF ST. PAUL'S CATHEDRAL.

"THE SPOUSELLS" OF THE PRINCESS MARY, 1508.

A COLLECTION OF ORIGINAL LETTERS FROM THE BISHOPS TO THE PRIVY COUNCIL, 1564.

PAPERS RELATING TO THOMAS WENTWORTH, FIRST EARL OF STRAFFORD.

HAMILTON PAPERS. ADDENDA.

MEMOIRS OF NATHANIEL, LORD CREWE.

THE JOURNAL OF MAJOR RICHARD FERRIER, M.P., 1687.

PRINTED FOR THE CAMDEN SOCIETY.

M.DCCC.XCV.

59972

WESTMINSTER:
NICHOLS AND SONS, PRINTERS,
25, PARLIAMENT STREET.

[NEW SERIES LIII.]

VISITATIONS OF CHURCHES
BELONGING TO ST. PAUL'S CATHEDRAL

1249—1252.

EDITED FROM ORIGINAL MANUSCRIPTS

BY

W. SPARROW SIMPSON, D.D., F.S.A.,

SUB-DEAN AND LIBRARIAN OF ST. PAUL'S CATHEDRAL, ONE OF THE
HONORARY LIBRARIANS OF HIS GRACE THE ARCHBISHOP OF CANTERBURY.

PRINTED FOR THE CAMDEN SOCIETY.

M. DCCC. XCV.

INTRODUCTION.

THE Visitations of Churches now printed are of earlier date than those contained in the Camden Society's volume entitled *Visitations of Churches belonging to St. Paul's Cathedral in 1297 and in 1458.* They are transcribed from a manuscript amongst the cathedral records known as Liber L.,[a] a volume of so great importance that Mr. Maxwell Lyte devotes nearly seventeen closely printed columns to a calendar of its contents in the ninth report of the Historical Manuscripts Commission.

Archdeacon Hale, in the preface to his *Domesday of St. Paul's,* observes that "this is a most interesting volume." It is thus described in Lisieux's [b] Catalogue: "Contenta in quodam antiquo et notabili Registro, de tempore Will'i Conquestoris, clauso cum uno nodulo in medio, 2° folio in Rubrica *Privilegium,* signatus cum litera L." The book in its present state answers in every respect to the description, except that the *nodulus,* or button, by which it was fastened has been taken away. No part of it will bear out the statement of its very early date but the first twenty-six folios; the remainder of the book is of the latter part of the twelfth and thirteenth centuries, with some insertions (on parchment larger and smaller than the original manuscript) written in the fourteenth century.

Mr. Maxwell Lyte assigns the earlier part of the volume to the middle of the twelfth century.

---

[a] *See* pages 60 b—69 a. The press mark of the MS. is W. D. 4.
[b] Thomas Lisieux, Dean of St. Paul's, 1441-1456.

The Visitations now, for the first time, edited, were made during the years ranging from 1249 to 1252. The churches visited are those of which a sufficiently full account has been given in the volume of *Visitations* already referred to, and it will not therefore be necessary to repeat in this place the topographical details which have there been supplied. Nor has it been thought necessary to repeat explanations of words which were dealt with in the other volume, to which this is indeed a supplement.

In 1249 and 1250 Willesdon and Tillingham were visited; in 1251 Twyford, Navestock, Walton, and Kirkby, and probably St. Pancras and Thorpe; and in 1252 Chiswick, Aldbury, Pelham Arsa, and Pelham Furneaux, and probably Westlee, Barling, and Heybridge.

During the period occupied by these Visitations Henry de Cornhill was Dean of St. Paul's. Dugdale, in his list of deans,[a] dismisses him in two lines; and Henry Wharton[b] grants him only fifteen, in which brief notice there is very little of interest unless it be thought worth while to record that he bestowed upon the cathedral some vestments and a book. The vestments were a cope, chasuble, dalmatic, and tunic, " de purpureo sancto cum garbis breudatis,"[c] and the book was a " Liber Ordinarii secundum Albericum, per eundem in aliquo emendatur, qui habet Kalendarium in principio. Incipit *Ecce dies veniunt*, et continet Capitularium, et Collectarium, Antiphonarium, et Ympnarium, et finit in Ympno *Rerum Deus*;

[a] Dugdale, *History of St. Paul's*, 224.

[b] *Historia de Episcopis et Decanis Londinensibus*, 207, 208.

[c] An inventory of the plate, vestments, &c., belonging to St. Paul's Cathedral, taken in 1245, records another valuable gift :—

"Pannus magnus sericus rubeus, cum magnis rotis et binis leonibus cristatis in rotis purpureis, et flores inter rotas. Rex dedit Decano, et Decanus postea dedit Ecclesiae."

Possibly also another entry may indicate a gift from the same liberal donor :—

"Capa fusca de panno serico breudata cum minutis gladeolis et minutis bisanciis et floribus minutis. Hanc breudare fecit Henricus Cancellarius et postea Decanus." Printed in *Archaeologia*, vol. 50.

et Psalterium imponitur, de novo, effigitur per cathenam in vestibulo." His obit was kept yearly at St. Paul's " expending thereat xiijs. iiijd." [a]

But Henry de Cornhill is not to be dismissed in quite so summary a manner. He played his part manfully in a very stirring incident, endeavouring to maintain the liberties of the Bishop of London and the cathedral against the encroachments, as he deemed them, of Archbishop Boniface.

The venerated Bishop Roger Niger, "canonised by popular acclamation," had passed to his rest on Michaelmas Day, 1241. For three years the See of London was allowed to remain vacant, and was at length filled by Fulk Basset, a nobleman of old Norman blood, of whom Dean Milman has much to say in his *Annals of St. Paul's*.[b] Fulk, Lord Basset, of Wycombe, was a baron by tenure. He had been Provost of Beverley and Dean of York, and was consecrated Bishop of London in. 1244. He was a firm supporter of the national party, and certainly no lover of the proud prelate who ruled the province with a rod of iron.

Boniface, a son of Thomas, Count of Savoy, was enthroned at Canterbury on All Saints' Day, 1249; Queen Eleanor of England, daughter of his sister Beatrice (herself the mother of four queens), was present at the gorgeous ceremonial.[c] He soon resolved to make a visitation of his province, a scheme which encountered a determined, though useless, resistance. As part of his plan, he gave notice that he would visit St. Paul's Cathedral.

" On the day appointed he appeared, with an armed retinue, at the great west door. Here he was met by the Dean, a venerable old man, well versed in ecclesiastical affairs, Henry of Cornhill. The Dean was attended by the Chapter. The Dean and Chapter respectfully represented that, by their statutes, the Bishop of the

---

[a] Dugdale, *History*, 316, 321, 323, 328.
[b] *Annals*, second edition, 56 et seqq.
[c] Dean Hook, *Lives of the Archbishops of Canterbury*, iii. 229, 230.

Diocese, and not the Metropolitan, was their visitor. The Archbishop gave orders to his attendants, and they forced an entrance into the cathedral. The cathedral was empty. The usual forms and ceremonies adopted when a visitor entered a church were omitted. No organ sounded. There was no array of the priests ; no choir. The silence was only broken by the tramp of the Archbishop's attendants, whose step was martial, though their outer garments were sacerdotal. The primate approached the choir; the doors were closed. He went to the Chapter House, there to admonish, as he said, the clergy ; but he could not obtain admission."[a] Greatly enraged, he excommunicated the Dean and Chapter for having resisted the rights of the See of Canterbury.

That it required no little courage thus to withstand the proud Archbishop will be sufficiently evident to those who read the graphic account, given by Dean Hook, of the primate's visit to the priory of St. Bartholomew on the day following his entry into the cathedral. Here also solemn protest was made against his intrusion, and it devolved upon the sub-prior to utter the firm but modest protest of his brethren. " A blow from the young Archbishop's fist was the first answer which the aged sub-prior received ; and when he was felled to the earth the Archbishop rushed at him with uncontrollable fury, dealing blow after blow, now on his head, now on his face, now on his breast ; cursing, swearing, calling for a sword to make an end of him, and shouting in his madness, ' Thus, thus will I deal with these English traitors.' The canons rushed to the rescue of their sub-prior. A tumult ensued ; but nothing could appease the rage of the Archbishop. He crushed the poor old man between two of the stalls, and redoubling his blows at the same time almost annihilated him. The blood of the English was now fairly up. They rushed upon the Archbishop ; they dragged him from his victim. As they dashed him aside the rattle of armour was heard, and tearing off his rochet, they exposed

[a] Dean Hook, *Lives of the Archbishops of Canterbury*, iii. 255.

to public view the Primate of All England holding his Visitation
encased in armour." [a]

The story is very picturesquely told by Dean Hook in the passages
just cited. Those who desire to compare this account with the
original authority should turn to Matthew Paris.[b] The Dean does
not at all exaggerate the ferocity of the Archbishop. Matthew
Paris says: " Iratus valde et comminans, Decanum et quosdam alios
de dignioribus ecclesiae praecipitanter in spiritu irae et furoris ex-
communicavit." Whilst in recording the incident at St. Bartholomew's his words are full of life and force:—

" Quod [c] audiens Archiepiscopus, in iram secus quam deceret aut
expediret furoris conversus, irruit in suppriorem, suaeque conditionis
et suorum antecessorum sanctitatis immemor, ipsum sanctum virum,
sacerdotem et religiosum in medio ecclesiae existentem, pugno impie
tum percussit, tum in pectus senile, tum in faciem venerabilem,
tum in canum caput impulit truculenter multotiens, clamosa voce
dicens: ' Siccine, siccine, decet Anglicos proditores impetere '; et
horribilius cum juramentis irrecitabilibus delirans, gladium suum
expostulavit festinanter afferri. Et cum multiplicarentur tumultus,
et niterentur canonici suum suppriorem de manibus tam violenter
opprimentis liberare, ipse Archiepiscopus capam illam preciosam,
qua supprior indutus erat, dilaceravit, et firmaculum, quod vulgar-
iter morsus dicitur, avulsit, et inter pedes catervatim irruentium
conculcatum est et amissum, quod auro et argento et gemmis fuerat
pretiosum ; sed et ipsa capa nobilissima conculcata et distracta
irrestaurabiliter violabatur; nec adhuc aversus est furor archiepis-
copalis. Ipsum namque sanctum virum impetu violento repellens
et retroire cogens, ad unam spondam, quae duos de stallis dividebat
et pro podio facta fuit, adeo senile corpus pressit, ut ossa cum
medullis conquassaret et praecordia collideret furibundus."

---

[a] Dean Hook, *Lives of the Archbishops of Canterbury*, iii. 257, 258.

[b] Matthew Paris, *Chronica Majora*, v. 121-123, and *Additamenta*, vi. 198, &c.,
in the Master of the Rolls series.

[c] That is, the sub-prior's protest.

The hot blood of the Archbishop must have made him a dangerous antagonist: and when to his extreme violence the *juramenta irrecitabilia* were added, the very sanctuary itself in no way restraining him, it is not surprising that four of the canons of St. Bartholomew's carried the matter to the King, displaying before him the " ictuum vestigia, cruorem scilicet, livorem, et tumorem, et vestes laceratas." The sub-prior, meanwhile, lay groaning in the infirmary, unable to recover from the shock. The King, however, defended the Archbishop.

Certainly Henry de Cornhill was a brave man, when he with-stood to the face this turbulent prelate. The Dean, of course, appealed to the Pope, and the excommunication was for a while suspended. But " the uncle of the Queen of England, the now wealthy Primate of England, could not but obtain favour with Innocent. The Dean of St. Paul's was compelled to submit to the supreme archiepiscopal authority." [a] The papal decree of Innocent IV., compelling the submission of the Dean and Chapter, was issued in 1252, just at the very time when these parochial Visitations were in progress.

It is interesting to notice that when, some centuries after, Arch-bishop Laud proposed to visit St. Paul's Cathedral, the Dean and Chapter protested strongly against such exercise of jurisdiction. Their petition to the King is printed in Dugdale, and in it they state that " it doth not appear, by any records belonging to His Grace or to the Church, that the Dean and Chapter have ever been visited by any Metropolitical power, notwithstanding the rest of the diocese hath been so visited." [b]

Had they forgotten Archbishop Boniface?

Their protest was unavailing, the King commanding their sub-mission.

---

[a] Milman, *Annals of St. Paul's*, second edition, 58.
[b] Dugdale, *St. Paul's*, 415.

As the Introduction to the *Visitations of 1297 and 1458* is some-what full, it will only be necessary in the present instance to draw attention to any features in which this earlier series of Visitations differs from the later, and to add a few details omitted from the former volume.

It is certainly worth while to exhibit the exact mode of pro-cedure in these parochial Visitations, and this can hardly be better accomplished than by printing the *Articuli Visitationis Ecclesiarum* as found in the *Statuta Majóra*,* a fine manuscript still preserved at St. Paul's Cathedral. The original document contains not only the articles for the visitation of churches, but also those for the visitation of *Manors* and of *Firmae*; and the full title is here retained, although the portion relating to the churches alone is printed. The docu-ment may be dated *circa* A.D. 1320.

"*Articuli Visitacionis Ecclesiarum, Maneriorum, et Firmarum Capituli Sancti Pauli Londoniarum.*

Primo de Spiritualibus.

§ 1. An cancellae et ecclesiae cum suis cimiteriis, in ornamentis, libris, vasis, operimentis, clausuris, et ceteris necessariis, prout convenit, custodiantur: et si non, qui sunt defectus, et cujus estimacionis.

§ 2. Item, de moribus, vita, et conversacione Vicariorum, Capel-lanorum, et Clericorum ecclesiis serviencium, an sint sufficientes ad regendum curas eis commissas, et an Vicarii sint residentes, prout artantur; et si per eorum defectum ecclesiæ officium, vel devocio parochianorum minuatur, vel si aliquis parochianorum obierit sine viatico, vel sacramentis ecclesiæ: qui et qualiter.

§ 3. Item, an predicti Vicarii, Capellani, vel Clerici, seu aliqui de parochianis sint diffamati de usura, adulterio, fornicacione, vel aliis criminibus: qui et de quibus.

§ 4. Item, qui parochiani debeant redditus, in pecunia, cera, vel

---

* *Statuta Majora,* folio 90. The volume is called *Statuta Majora* on account of the large bold character in which it is written : the *Statuta Minora* contains more statutes than the larger volume.

oleo, aut rebus aliis ad defectus ecclesiae reparandos, vel luminaria sustentanda: et si aliqua sint subtracta, quae et per quem." [a]

It is greatly to be regretted that very little is recorded with regard to the matters treated of in the second clause, as much valuable information in respect of local customs and usages might have been gathered from the answers to such enquiries. A few hints, indeed, are given, but that is all; and these are only of small importance. Thus at Pelham Arsa in 1458,[b] complaint is made that the vicar keeps his horse in the churchyard " contra honestatem ecclesiæ"; and the Inquisitores further say, " quod Vicarius multum exercet forum contra honestatem suam, et quod dictus Vicarius non publicat sententenciam excommunicacionis, etc. Et dicunt quod Vicarius inter solempnia horarum canonicarum confabulat cum parochianis suis, aliquando cum viris et aliquando cum mulieribus."

Answers to the enquiries arising out of Clauses 1 and 4 are very fully given.

A few notes relating to the service books, vestments, chrisoms, lights, surnames, etc., will suffice to make this volume intelligible if read in connection with the *Introduction* prefixed to the Visitations of 1297 and 1458.

Service books. The service books enumerated do not call for special mention. Some are found in poor condition, some deficient of leaves and sections, some with an inaccurate text, whilst in many cases the binding is defective.

At Aldbury the books appear to have been grievously neglected, and the visitors have to set down a Missal " habens multa folia

---

[a] Archdeacon Hale, *Domesday of St. Paul's*, Camden Society, p. 156*. (The numberings of the sections are not found in the MS.)

[b] *Visitations in 1297 and 1458*, p. 105.

rupta "; a Breviary " male ligatus et male custoditus "; an ancient Psalter " male sufficiens, quia male custoditum "; an Antiphonary " cum foliis ruptis et male custoditus "; and a Liber Ordinalis in quires unbound.

Occasionally, as at Chiswick, the treasurer of St. Paul's had sent a Missal to replace a defective volume; or, as at Kirkby, the Chapter had sent an Omeliarium, as indeed they had also presented a good *Vestimentum Principale.*

Of the ancient use of St. Paul's,[a] an Antiphonarium is found at Willesdon, and an Ordinale at Tillingham. At Aldbury it is specially observed that the gradual is "non de Usu London Ecclesie," from which it may perhaps be inferred that in other cases this service book was of that use. A similar notice occurs at Navestock. At Kirkby is a Missal, an ancient book "nullius ordinis"; and at Pelham Furneaux, a Breviary "quod in parte non est notatum, nec London nec Sarum ordinem continet." At Chiswick was a " vetus liber leccionarius cum Missis intersertis per loca de usu monachali." It is clear that there was no rigid uniformity as to the office books in use even in churches all of which were under the same rule and patronage.

At Tillingham is an interesting entry of " panni crismales lvj." The *Chrisom* was a cloth with which children were wrapped when they were brought to the font. " At the churching of the infant's mother the chrisom was presented to the priest to be used for making surplices, or coverings for the chalice, or for some similar purpose."[b]

A child dying within a month of his baptism was buried in his chrisom. A monumental brass of the sixteenth century at Chesham Bois Church, in Buckinghamshire, represents an infant enveloped in this robe. It is figured in Dr. Lee's *Glossary of Ecclesiastical and Liturgical Terms.* The inscription is:

Panni Cris-males.

---

[a] See *Visitations in* 1297, *etc.,* pp. lv., lvi.
[b] Walcott, *Sacred Archaeology.*

OF ROGᵣ LEE GENTILMA HERE LYETH THE SON BENEDICT LEE
CRYSOM WHOˢ SOULE IHU PDO.

In the ancient *Ritus Baptizandi,*[a] printed in the *Monumenta Ritualia,* the rubric orders that after the actual Baptism :

" *Postea induatur infans veste chrismali, sacerdote interrogante nomen ejus, et dicente sic:*

" N. accipe vestem candidam, sanctam, et immaculatam, quam perferas ante tribunal Domini nostri Jesu Christi, ut habeas vitam aeternam et vivas in sæcula sæculorum. Amen.

" *Licitum est autem pannum chrismalem secundo linire chrismate, et super alium baptizatum immittere, tamen ad communes usus non debet pannus ille assumi : sed ad ecclesiam reportari et in usus ecclesiae reservari.*"

In the *Constitutions* of St. Edmund, Archbishop of Canterbury, about the year 1236, it is ordered in Section 13:[b]

" *Quod panni chrismales tantum cedant in usum ecclesiae.*

" Panni etiam chrismales non nisi in usus ornamentorum ecclesiae convertantur ; similiter alia ornamenta ecclesiæ, quae pontificalem accipiunt benedictionem, nullo modo in usus profanos deputentur. Et Archidiaconus in suis visitationibus, an hoc observetur, diligenter inquirat."

The number of these chrisoms at Tillingham seems remarkably large, but the handwriting of the record is clear and the figures distinct. At Pelham Furneaux there were "ad sacrarium parva manutergia de crismalibus."

At Navestock, two old and useless chasubles "jussae sunt destrui et fieri frontalia."

Font.

At Chiswick, the Font is in a bad condition. At Twyford, occurs the curious entry, "plumbum est ibi rotundum pro bap-

---

[a] Occasional offices selected from the Manual and Pontifical of the Church of Salisbury. *Monumenta Ritualia,* second edition, i. 25.

[b] Wilkins' *Concilia,* i. 636.

tistario ; " as if a leaden bowl may have been used for that purpose. In the Visitation of 1297, the visitors report, " Baptisterium plumbeum sine serrura " at Twyford; and at Chiswick, " Baptisterium marmoreum intus plumbatum cum serrura." In the latter case, the Visitation had produced a good effect, and a marble font had replaced the " fons debilis et ruptus sine sera." [a]

Few relics are enumerated, but those which are found are of interest. At Tillingham is a small long comb which formerly belonged to St. Thomas of Canterbury : " ut dicitur," as the cautious scribe says. And at Walton is a cross, the gift of G., a former vicar, in which is preserved a piece of the True Cross.

Relics.

At Heybridge are five banners " et unus draco," that is to say, the effigy of a dragon to be carried in procession : a symbol, Ducange says, either of the devil or of heresy, over which the Church triumphs.

Draco.

Only once in these Inventories, at Barling, are Wimples mentioned. Here there are eight : four of silk, three of linen, and one, also of linen, good and new.

Wimples.

Nor does the word Chalun or Chalon occur in the later Inventories. It is found at Barling and at Walton: at the latter place with the explanatory words, " ad exequias mortuorum." It seems to be a funeral pall.

Chalon.

At Heybridge, the maintenance of the bridge from which the parish takes its name appears to have been a charge upon certain of the parishioners. " Isti tenent oves ad emendacionem pontis." Six names follow, and these persons have in all nine sheep available for this purpose. The Rota or Rowell light was maintained at Heybridge by the same kind of assessment.

Heybridge.

At St. Pancras is a pax of somewhat unusual form and material : " parvus lapis marmoreus ornatus cupro ad pacem deferendum." It is more fully described in the Inventory of 1297 as " unum osculatorium ligneum cum laminibus cupreis cum lapide marmoris

Pax.

---

[a] *Visitations of* 1297 *and* 1458, pp. 57 and 63.

fixo in medio." The earlier entry might have been perplexing but for the later commentary.

Vestments.

The vestments here enumerated have little to distinguish them from those more fully described in the later Inventories. Several, however, are said to be just good enough for funerals, or even as not sufficiently good for the exposure which a burial service in foul weather might entail. Thus, at Aldbury, there is a chasuble " vetus et rupta sed sepulture tantum apta "; at Pelham Furneaux, a " vestimentum vetus et insufficiens, aptum sepulture " ; at Pelham Arsa, a chasuble of fustian " cum corporalibus, sepulture vix sufficiens "; whilst at Navestock, there are " due albe veteres sepulture defunctorum tantum sufficiens."

Field names.

Of field names only one appears, Yppele or Ippelega, at Willesdon; unless, indeed, Assartum at Navestock and Pastorel at Willesdon are to be included in this category; it is doubtful, however, whether any save the first should be considered as real field names.

Lights of the church.

The provision made for the lights of the churches is in some cases, especially at Thorp, Walton, and at Kirkby, set forth with great fulness. Each light in the last-named church seems to have had its special Custos or guardian; and here, the paschal candle, the light before the Altar of the Blessed Virgin, before the Cross, before St. Peter, before St. Michael, the two lights in the Chancel, and the Rowell light or Rotella, had each its several Custos and its body of parishioners bound to contribute to its support.

At Pelham Furneaux and at Pelham Arsa the provision for lights seems to have been left almost entirely to voluntary gifts, " totum votivum et nichil certum." But for the paschal taper there was a special collection, towards which tenants holding eighteen acres contributed one penny, and tenants holding half that quantity of land paid in proportion. There was no rowel light at the former parish, and the mention of the absence of the Rotella seems to indicate that it was found in almost every other place. At Pelham Arsa, indeed, a farthing was taken from every house by custom for the paschal light, and one Galfridus Sarvors gave two acres of land to supply two lights on the High Altar, but of late the land had been unproductive. It is added that "relictum luminare ecclesiae totum votivum est." In other parishes, the organisation for the supply of these lights was, as has been indicated, very complete.

The names of the several parishioners are of some interest. A large number of them are designated from their place of abode, as :— *Names of parishioners.*

Gerardus de Venella,	Adam de Marisco,	Elyas de Campo,
Henricus de Ponte,	Gervasius de Ecclesia,	Petrus de Cruce.
Clemens ad Moram,	Johannes ad Portam,	

Others from their trade, or profession, as :—

Willielmus Permentarius,	Wyot Sutor,
Radulphus Portarius,	Randulphus Textor,
Roger Pistor,	Alexander Clericus,
Eudo Mercator,	Ricardus Prepositus,
Elyas Molendinarius,	Willielmus Bercarius,
Richardus Carpentarius,	Johannes li Poter,
Willielmus de Bruere,	Hugo Carectarius.
Jordanus Faber,	

Many from their father's Christian name, as:—

Gerardus et Stephanus filii Symonis,
Thomas filius Hugonis,
Eadwardus filius Davidis.

Some possibly from a personal peculiarity, as:—

Eadmundus le Brun, Stephanus le Petit.

Whilst one has the somewhat unusual name of

Ricardus Diabolus.

It would have been easy to extend this fasciculus and the volume to which it is a companion to double or treble their present dimensions by introducing illustrative documents relating to the several parishes from the rich store of unpublished material existing in the Record Room at St. Paul's. The temptation to do so, no slight one, has been steadily resisted. But no rule is without its exception, and two important documents relating to Navestock selected from the great mass of deeds preserved in the Cathedral appear to be of sufficient interest to permit of a short notice in these pages.

The first is a Demise by the Dean and Chapter to Master Adam Murymouth, canon of the Cathedral, "on account of his residence, of the Manor of Navestock, with its tithes and all other appurtenances, to hold so long as he shall be a canon, and shall serve them well, and shall not be elected and confirmed as a bishop, rendering yearly three *firmæ**∗* to the bake-house, the brew-house, and the almonry of St. Paul's, and with each *firma* forty shillings, and for the tithes and revenue of the church of Navestock twenty marks a year to the Chamberlain."

The house is thus described in the Inventory:

" Recepit etiam sub uno tecto domum ad pistrinam et daieriam, unam coquinam cum furno et duobus plumbis, unum gallinar, et unam aulam cum buteleria et dispensa ad occidentem aule, et cameram ad orientem cum tresanciis, et unam cameram cum cellario et solario tegulis coopertam, et ad ipsam cameram unam capellam de plastro de Parisis tendulis coopertam, et unum granarium vetus cum quatuor interfiniis et unam Thoralliam veterem, et unam parvulam domum ad vitulos extra portam, et unam fabricam, unam Bercariam extra portam, unum Molendinum ventriticum."

The list of utensils is as follows:

" Quatuor mensas, quatuor tripodes, unam securim, unum scaccarium, unum tabularium cum aleis, unum ciphum de mazero cum pede et circulo argenti precii octodecim denariorum, duas mappas

---

∗ Firma : food for a single week. Hale, *Domesday*, xlvi.

de canabo, unum manutergium, sexaginta ciphos, centum squdellos,
viginti duas platellas, decem salsaria, unum salsarium stagneum,
duas ollas eneas, unam quinque galonum et aliam trium galonum,
unam parvam ollam eneam dimidii galonis, unam craticlam, unum
tripodem, unum grate, unum lavatorium, unam patellam, unam
pelam, sex cuvas, tres tynas, quatuor dolia, unam scalam, unam
mensuram quae continet unum quartum, aliam mensuram quinque
busselles, tercium mensuram tres busselles, quartam mensuram duos
busselles." [a]

This document is dated Michaelmas, 1335. Canon Adam
Murimuth, or Merimouth, or Meremouth, is the well-known
author who "wrote the history of this country from 1302 to
1380." [b] and the Inventory of his goods possesses considerable
interest. A short glossary of some of the more difficult words
which occur in it will be found in the note at the foot of the
page. [c] Without some such assistance the deed might be found
rather perplexing to a student versed only in classical Latinity.

[a] Mr. Maxwell Lyte's *Calendar*, Historical Manuscripts Commission, Report ix.,
38a.

[b] Le Neve, *Fasti Ecclesiae Anglicanae*, edition 1854, p. 388.

[c] Pistrina : a bakehouse.
Daieria : a dairy.
Coquina cum furno et duobos plumbis :
a kitchen with an oven and two leaden
vats.
Buteleria : a buttery.
Tresancia : "tresens, that is drawn over
an estates chambre-ciel."— Palsgrave.
"Ciel : the inner roof in a room of
state."—Cotgrave. "A corridor."—
Stratmann.
Celarium : a cellar.
Solarium : an upper chamber.
Tendulis or cendulis : shingles.
Granarium : a granary.

Thorallia : thorallum, or torallum, is a
mound (perhaps, in this case, a heap
of manure).
Bercaria : a sheepfold.
Molendinum ventriticum : a windmill.
Ciphus de mazero : a mazer bowl.
Squdelli : probably baskets.
Platellæ : probably plates.
Salsaria : salt-cellars.
Craticla : a gridiron.
Patella : a pan.
Pela : a baker's peel.
Cuvæ : vats.
Tynæ : tubs.

The second document relating to Navestock is a Demise by the Dean and Chapter, between 1422 and 1441, to Reginald Malyns, Esq., of the Manor of Navestock, reserving to themselves certain feudal rights.[a] Among the utensils specified in the Inventory these are the most interesting:

"Unum tabularium cum aleis, decem salsaria de ligno, unum mortar, unum tripidem, unam molam manualem, unum plumbum in deiria, unum meschfatte, unum yilyngfatte, unum cowyll, unum sigillum ad sigillandum mensuras, unum bikorn, unum scythe, unum mallium magnum pro officio fabri, unam scalam, unum pelvem cum lavacro de latone, unum par de stokkes, duo plumbea in pandoxatria, unum markyng yren pro ovibus, unum cornu ceratum ad suflandum in autompnum."[b]

It is curious to observe how the scribe is compelled to fall back upon the vulgar tongue, when he has to set down such very English objects as a par de stokkes, a mortar, a scythe, or a markyng yren for sheep.

Willesdon.   A very late Inventory, of about 1547, says Lysons in his *Environs of London*,[c] notes that there were then at Willesdon, "Two masers that were appointed to remayne in the church for to drynk yn at bride-ales."

The text has been scrupulously followed as regards the spelling of

---

[a] Mr. Maxwell Lyte, *Calendar*, 38, a.

[b] Here also a short glossary may be useful :—
  Molam manualem : a hand-mill.
  Meschfatte : Mashfat, the vat which contained the malt in brewing.
  Yilyngfatte : Gylefatte, the vat in which ale is worked. Gyle, wort.
  Bikorn : probably the same as bica, a bechive.
  Pandoxatria : a brew-house.

[c] Second Edition, vol. ii., part 2, p. 818.

the words, with two exceptions. The scribe has written indifferently *vas* or *uas*, *vestimentum* or *uestimentum* : in this transcript the uniform reading of *vas*, *vestimentum*, etc., has been adopted. In like manner it has been thought better to print j instead of i, in such words as maior, maius, iniunctum, and the like. The names of the several parishes here inserted in capital letters in the text for convenience of reference do not occur in the original manuscript.

VISITATION OF CERTAIN CHURCHES

BELONGING TO THE

DEAN AND CHAPTER OF ST. PAUL'S CATHEDRAL

IN THE YEARS 1249-1252.

WILLESDON.[a]

p. 136b.

Status ecclesiarum que pertinent ad capitulum tempore H. decani.[b]

Omnes decime garbarum de tota parochia de Willesdon cedunt Hic nota. in usus Canonicorum. Totum altaragium habet Vicarius et domum quamdam prope ecclesiam cum ortho [c] et terram ad eandem ecclesiam pertinentem, et portat honera [d] ecclesie debita et consueta.

Ornamenta illius ecclesie que reliquid [e] J. Vicarius.

Parvum missale bonum plenum sine nota cum kallendario. Item aliud missale majus et vetus habens canonem misse in principio sine nota et grossioris litere satis sufficiens. Antiphonarium cum kalendario continens legenda de bona litera et bene

---

[a] At the top of the first page are the words " Visitante Anno Domini M° CC° xlix° et l^mo ut patet primo."

[b] Henry de Cornhill, Dean of St. Paul's from 15 August, 1243, till his death on 9 April, 1254.

[c] Cum ortho, that is, cum horto : with a garden.

[d] What these *onera* were in Newcourt's time will be seen in his *Repertorium*, i., 760.

[e] Reliquid : so in MS. for reliquit.

notata, habens literam auream in principio libri, et p°. c⁹.ᵃ secundum ordinem ecclesie London. Item antiphonarium notatum de debili percamenoᵇ plenarium et competens. Duo gradalia bona et bene notata, et iij ᶜ vetus et notatum cum parvo tropario in fine. Item ij troparia bona et bene notata, et iij ᶜ troparium parvum notatum et competens. Item liber manualis cum exorcismis plenariis. Item unum psalterium vetus et competens. Item calix argenteus interius deauratus habens pomellum deauratum, et in patena manum deauratam benedicentem,ᵈ ponderis circiter xx s. Item unum vestimentum plenarium cum paraturis et casula de serico veteri integro. Item aliud vestimentum cum paraturis et cum veteri casula de serico competenti sed minus bono. Item iij ᶜ vestimentum sollempne cum paraturis et casula de viridi sendato cum panno croceo interius. Item quartum vestimentum bonum et novum et plenarium cum casula de arista et paraturis de eodem cum superpellicio bono et novo et rochetto de dono quondam J. vicarij. Item iiijᵒʳ rocheti et iij superpellicia majus trita. Item vj palle altaris benedicta ᵉ et j pannus de Mediolano ᶠ vetus ante altare. Item cum quolibet vestimento corporalia. Item vexillum rubeum cum yconia beate Virginis de auripelleᵍ de dono J. vicarii et duo alia vexilla antiqua et tria.ʰ Item velum quadragesimale vetus et tritum, et velum ad cooperiendam crucem in ecclesia de canopo. Item vas aquarium stagneum

---

ᵃ So in the MS. : perhaps, principio cujus.

ᵇ Percameno, that is, Pergameno : parchment, so called because it is said to have been invented by Eumenes, King of Pergamum.

ᶜ Et iij, that is, *tertium.*

ᵈ *Manum* : the hand of the Deity in benediction.

ᵉ Benedicta : so in MS.

ᶠ De Mediolano : Dr. Rock observes that Lombardy (and especially its capital, Milan) was famous for its fine silk-weaving. There is a good specimen of this cobweb weaving, *opus araneum*, in the South Kensington Museum. No. 8254. *Textile Fabrics*, p. 162.

ᵍ Auripellum, says Ducange, a Gall. *auripeau*, aurichalcum, lamina auricalcea. He also refers to auriculatum, métal semblant à orchal.

ʰ Tria : probably for trita.

et sufficiens, due cruces in altari portatiles de esmallo.[a] Item vas de coreo ad reponenda corporalia. Item pixis eburnea ad Corpus Domini reponendum super altare in pixide de coreo cum bonis seris. Item duo vasa crismatoria stagnea et aliud vas stagneum honestum ad circumferendum Corpus Domini ad egrotos. Item offertorium de panno rubeo subtili. Item due magne iconee et sculpte de beata Virgine.

Sunt in dominico ecclesie de Willesdon per particulas.

Due acre in campo que dicitur yppele[b] et j acra in campo quondam pastorel prope yppele. De terra Ealwini de Tuiferd j acra. De terra Radulphi filii Richardi dimidia acra. De terra Walteri Pugnaŭ dimidia acra. De terra Richardi Bestien dimidia acra. De terra Willielmi del Hek j virgata. De terra Richardi Carpentarii j acra. De terra Radulphi Blik[c] j acra. De terra Willielmi de la Slade dimidia acra. De terra Hugonis Achere dimidia acra. De terra W. Blundi dimidia acra. De terra Eadwardi Blauet dimidia acra. De terra Eylwyni de Wdeton j acra. De terra Gilberti de Wdeton j acra et dimidium. De terra Leuine j mesuagium ad portam cimiterij cum domo super prebendam Magistri R. de Barthona[d] quam I. Virdeman defendit versus dominum.

Quarum Summa j virgata xij acre et
          j messuagium ad portam cimiterij }

[a] Esmallo : enamel.

[b] Yppele, or Ippelega, as it is called in two deeds preserved at St. Paul's. See Mr. Maxwell Lyte's *Calendar*, 33b.

[c] One " Tho. le Blic, son of Ralph de Blic, by his deed (but without date) granted to the Church of the Blessed Mary of Willesdon half an acre of land, which lieth in Hurland near Kalewestricke, in pure and perpetual alms."—NEWCOURT, *Repertorium*, i., 760.

[d] Robert de Barthona, or de Barton, was prebendary of Willesdon ; he became Precentor of St. Paul's in 1246, and Dean in 1259.

TUIFERD.

Status Capelle de Tuiferd.

Ecclesia Sancti Pauli recipit a Capella de Tuiferd xijd pro decimis annone, pro decimis ovium et caprarum, que quidem capella non est aliter vicinarum ecclesiarum appendula sed permissu capituli Sancti Pauli baptizat infantes, sepelit mortuos quomodo voluerit, dum modo non ad aliquam ecclesiarum Episcopi, et in spiritualibus respondet Decano et Capitulo.

In Capella de Twiferd in crastino Conversionis Sancti Pauli inventa sunt ornamenta subscripta, Anno Domini M°CC°l°j°.

Calix argenteus in limbo pedis deauratus cum patena alba et manu benedicta deaurata; calix aliquantulum ruptus in pede. Altare lapideum non dedicatum, et superaltare benedictum et sufficiens, et j palla altaris vetus et rupta, et frontale lineum et incisum. Item aliud frontale sericum rubeum honestum et sufficiens. Item due palle altaris benedicte et integre et sufficientes, quarum una habet paraturam strictam de serico operatam acu cum fimbriis sericis. Item vestimentum pulcrum cum apparatu serico et casula de serico sufficiens, post tergum aurifrigio largo, et corporalia ad illud vestimentum integra et sufficiencia; et illud vestimentum habet aliud amictum integrum et ornatum serico. Item fuit ibi aliud vestimentum magis tritum et ornatum serico et corporalibus integris sed infusis, cum casula alba de fustamine* non ornata, et aliud frontale sericum honestum cum furura b linea. Item sunt ibi duo altaria extra chorum cum tabulis ligneis et veteribus frontellis parvis, et duabus pallis veteribus ut videtur non

---

* Fustamen : fustian.

b Furura : the only meaning given by Ducange is Pellitium, Gall. *Fourrure.* The text, however, seems to require the sense of a border or fringe.

benedictis.   Item inventa sunt ibi superpellicia duo, majus quod est ruptum et parvum quod est integrum; et duo rochetti, minor qui est integrum et major qui est defrustis.* Item fuit ibi parvum missale et insufficiens sine nota, et destructe rubrice in canone misse et alibi in locis pluribus, sine kalendario, plures habens defectus.   Item fuit ibidem gradale et troparium in uno volumine et aliquantulum sufficiens notatum.   Item inventum est ibi anti-phonarium cum ympnario capitulario et collectario de ordine Sarum, habens kallendarium in capite notatum et aliquantulum sufficiens. Item legenda vetus et rupta, multos habens defectus in principio et in fine.   Item est ibi psalterium cissum et male paratum : si esset ligatum sufficeret.   Item liber manuale plures habens missas et officium diversum pro vivis baptizandis, ungendis, et pro defunctis sepeliendis, habens in fine Commune Sanctorum de antiphonario non notatum et aliquantum sufficiens si esset ligatum.   Item est ibi pixis vetus ad reponendum Corpus Domini sine sera, et vas crismatorium ligneum sine sera et insufficiens.   Item due phiale stagnee integre.   Item est ibi crux una super altare lignea depicta. Item v^que candelabra stagnea integra.   Nullus redditus est ibi ad luminare nisi de gracia domini ville.   Item plumbum est ibi rotundum pro baptistario.   Item vas aquarium stagneum.   Item x aree habitate sunt in parochia sine curia.   Item Capellanus habet x acras terre arabilis et unum mansum cum tribus domunculis, et est capella de patronatu Bartholomei de Capella qui presentat Decano et Capitulo ut ordinario rectorem perpetuum ad capellam, sed non sufficit ei ad sustentacionem.   Item sunt ibi due campane. Item unum turribulum vetus.

S. PANCRACIUS.   p. 137b.

Status ecclesie de Sancto Pancracio.

Est ibi missale vetus sed sufficiens et notatum et plenarium

* Defrustis : torn.

habens kalendarium in capite. Item gradale bonum plenarium et notatum et sufficiens. Item liber antiphonarius bonus et notatus et sufficiens cum ordinali intersertum. Item legenda bona et sufficiens in uno volumine, Temporale scilicet et Sanctorum. Item duo psalteria satis sufficientia. Item duo libri manuales satis sufficientes. Item liber troparius notatus et convenienter sufficiens. Item collectarium et capitularium. Item calix argenteus albus de plano opere pondens xxs., cum patena satis sufficiens. Item iiij^{or} pallee altaris benedicte bene sufficientes. Item tria paria vestimentorum, quorum duo sunt cotidiana integra et convenienter sufficiencia, cum una casula alba veteri et debili, et tercium magis sufficiens cum una casula de serico. Item sunt ibi trin superpellicia sufficiencia et unus rochetus vetus. Item superaltare benedictum integrum et sufficiens. Item unum frontale sericum bonum et integrum. Item j vetus et parvi precij. Item vas aquarium stagneum et sufficiens. Item due phiale stagnee et trite. Item unum turribulum parvum. Item vas crismatorium sine sera. Item vas stagneum ad reponendum Corpus Dominicum sine sera. Item fons lapideus sufficiens. Item duo candelabra stagnea vetera. Item parvus lapis marmoreus ornatus cupro ad pacem deferendum. Item ad luminare ecclesie nisi iiij^{or} denarij, quos dedit quondam Johannes Pigun per manus heredis sui perpetuo. Ada de Basing̃ habet tenementum et forciavit* per viij annos. Item j denarius quem assignavit Henricus de la Hulle per manum heredis sui perpetuo quem reddit. Item sunt in parochia xxxvj mesuagia, exceptis mesuagiis de Tothale, Ruggemere, et Northb[ur]i, et Alkichesbri. De aliis mesuagiis redditur obolus ad rotellam, et j quadrans ad cereum paschalem.

Item Vicarius perpetuus habet edificia prope ecclesiam que Vicarius R. bene clausit et edificavit. Item habet iiij^{or} acras terre arabiles et omnes minutas decimas parochiales et preterea de majoribus decimis recipit c. s. ex assignacione Capituli. Item est

---

* Forciavit : has held forcible, or wrongful possession.

ibi ad aquilonem ecclesie alia area ubi colliguntur decime majores, et introitus ad illam aream obstrictus est per Magistrum W. de Lichf[a] et facit ibi viam per majus altara.[b] Item est ibi defectus fenestrarum et muris cancelli extrinsecus.

CHESEWITH.

Ornamenta inventa apud Chesewith die Sanctorum Johannis et Pauli[c] Anno Domini M°CC°L° secundo.

Missale bonum et sufficiens missum ibidem de Thesaurario Sancti Pauli. Item duo gradalia sufficiencia. Unum troparium sufficiens sed male ligatum. Item vetus liber leccionarius cum missis intersertis per loca de usu monachali. Item antiphonarium bonum et sufficiens bene notatum. Item psalterium bonum et sufficiens. Desit manuale.

Item calix argenteus parvus et parvi precij titubans.[d] Item una casula de sameto rubeo bene ornata aurifrigio. Item vestimentum integrum instratum paraturis bonis. Item aliud vestimentum cum alba casula debili et rupta interius, cum dupplicibus manipulis et stolis. Item tria corporalia benedicta. Item v^{que} palle altaris benedicte et integre, quarum una habet paruram de serico. Item p. 137.
pannus sericus de aresta, quam quidem parochianus dedit ecclesie integre. Item crismatorium vetus. Item unum vexillum bonum et sufficiens. Item nulla pixis ad reponendum Corpus Domini. Item duo candelabra enea et duo candelabra stagnea. Item iij^{or} phiale stagnee. Item fons debilis et ruptus sine sera.

Item cancellum debile et coopertum male. Item ad luminare nichil certum, nisi collecta ad cereum paschalem, scilicet de

[a] William de Lich. or de Lichefeld was canon and prebendary of St. Pancras in 1250 and 1258.

[b] Altara: so in MS. for altare.

[c] Die sanctorum Johannis et Pauli, martyrum, that is, June 26. See the *Calendar of the Sarum Breviary*.

[d] Titubans: probably, leaning on one side.

qualibet domo obolus. Item injunctum est parochianis similem collectam ad rotellam. Item Johannes Belemenis [a] habet dimidiam marcam ad cancellum emendum de testamento quondam A. Thesaurarij.[b] Item ecclesia non est dedicata. Item Vicarius habet totum altaragium cum xij acris terre arabilis, et unam acram prati, et unam marcam argenti per manum Camerarij.[c]

Ecclesie de la Lee.

Status ecclesie de la lee.[d]

Descriptus anno eodem in crastino Processi [e] et Martyris Ecclesia ista in medietate subjecta est Decano et Capitulo, sed tamen nichil recipient de pensione annua propter ejus paupertatem.

Ornamenta ejusdem ecclesie.

Calix argenteus parvus intus deauratus ponderis, ut creditur, dimidie marce. Unum par vestimentorum integrum et sufficiens, et una alba preter illud par. Due palle benedicte et una non benedicta. Tria paria corporalium. Pannus depictus ante majus altare. Unum superpellicium. Unus Rochetus debilis. Nullum missale integrum ; Unum tamen vetus ab adventu usque ad Pascha et a Pascha usque ad adventum, in quodam libro, non ligato, continente psalterium, ympnarium, pars temporalis. Duo manualia bona. Temporale integrum non ligatum. Antiphonarius

---

[a] John Belemeus, or Belemeyus, was prebendary of Chiswick in 1225 and in 1252.

[b] That is, probably, Alexander Swerford, Treasurer of St. Paul's from January, 1231-32. He died in 1246, and was buried in the Cathedral. He appears to have resigned his office some few years before his death.

[c] Camerarius : the Chamberlain of St. Paul's.

[d] Ecclesia de la Lee : called in the later Inventories Westlee. The parish at this early date appears to have been very poor. Later on the church fell into ruins.

[e] St. Processus, July 2 or July 9. His name occurs in a Litany in the *Sarum Breviary, Fasciculus* ii., p. 259 of the reprint.

debilis. Gradale debile cum tropario. Gradale novum et bonum. Quidam liber non ligatus continens partem Missalis sanctorum temporalis et psalterij. Turribulum sufficiens. Pixis stagnea sine sera in qua deponitur Eukaristia. Crismatorium ligneum sine serura. Sacrarium contritum et dampnatum. Baptisterium plumbeum sufficiens. Non est ibi redditus assisus ad luminare, nisi tantummodo de collecta inter parochianos.

BERLING.

Inventarium apud Berlin̄g post mortem Walteri vicarij et traditum Petro vicario tempore II. Decani.[a]

Frontale sericum. Tres palle altaris benedicte. Duo manutergia nova. Tria manutergia vetera. Pannus lineus ad lectrinum. Tabula nova depicta ante magnum altare. Trabs nova depicta super antiquam tabulam ante altare. Item vij Wimple[b] quarum iiij[or] de serico et tres linee. Item una bona nova et linea. Item unum superpellicium cum uno rocheto. Item unum lintheamen et unum chalun.[c] Item una archa ad vestimenta de abiete[d] cum sero ferro ligata. Item una crux de admallo et alia lignea depicta. Item tria lectrina ad libros. Item fons novus et bene paratus. Item lintheamen retro crucem. Item ymago sancti Egydij. Item psalterium bonus. Item dimidia Marca ad calicem, de legato p 137b. Walteri. Item alba nova cum parura et amita cum parura. Item v[que] candelabra stagnea ad cercos. Item iiij[or] ampulle ad vinum et aquam. Item crismatorium cum sera. Item baculus depictus ad crucem portandam. Item feretrum ad mortuos, et iij sconse

---

[a] That is, between 1243 and 1254.

[b] Wimple: Halliwell says, a kind of cape or tippet covering the neck and shoulders. Ducange gives Wimpla, Peplum. *Vide* Guimpa, under which word he says, " Peplum, velum muliebre, quo etiamnum utuntur monachæ."

[c] Chalun : probably a funeral pall. *See infra*, p. 27.

[d] Archa de abiete : a chest of fir wood.

ad candelas. Item vas stagneum ad aquam benedictam cum aspersorio. Item pelvis stagnea ad sacrarium et due campane.

Status ecclesie de Barlin̄g.

Capitulum sancti Pauli habet omnes majores decimas de dominica et parochia ad luminare ecclesie beati Pauli. Vicarius autem habet unam virgatam terre in dominico cum manso honesto et domibus bene edificatis. Item etiam omnes minores decimas tocius villate, et decimas minutas de toto villenagio et aliis terris antiquis que tracte sunt ad dominicum. Habet etiam tricesimam partem minutarum decimarum de toto veteri dominico, et portat onera ecclesie debita et consueta. De spiritualibus respondet Decano et Capitulo.

Item Reginaldus Wile habet xij matrices oves de testamento Walteri Pavery ad inveniendum cereum ante altare sancti Egidij. Item habet unam ovem de Waltero Upeton' ad cereum ante crucem. Item habet unam ovem de testamento Agnetis de la Weylete ad cereum ante ymaginem sancti Nicholai. De qualibet ove annuatim ij denarij. Item Petrus Faber habet v oves ad cereum ante crucem. Item Absalon habet xvj oves, de quibus iiij^{or} oves sunt ad lampades et alie ad cereum ante crucem et ante ymaginem sancti Nicholai. Item Willielmus filius Baudewini habet x oves ad cereum ante ymaginem beate Virginis. Item Bricius tenetur invenire cereum ante altare sancti Egidij, dicit quod de quadam terra quam dedit ei pater suus. Item Johannes Crabbe habet vj oves ad cereum beate Virginis et sancti Nicholai. Item Serewind habet unam ovem ad cereum beate Virginis. Item relicta Cestre habet iij oves ad ruele[a] et cereum. Item Willielmus Permentarius[b] habet ij oves ad cereum ante crucem. Item Ricardus capellanus habet iiij^{or} oves ad cereum ante crucem.

> Summa ovium ad luminare
> ecclesie tempore hujus descripcionis } lxj.

[a] Ruele : the Rotundale, or Rowel light.

[b] Permentarius, seu parmentarius, ex *paramentarius*, qui vestes parat, id est, ornat : nostris olim *Parmentier*, qui hodie *tailleur d'habits*.—Ducange.

HEYBREG.

Hec sunt ornamenta ecclesie de Heybreğ.

Duo Gradalia scilicet unum bonum et aliud vetus et tercium fere nullius precij. Unum temporale cum ympnario Sanctorum per se, consuetudinarius quia nullus. Duo antiphonarij, unus novus et bonus, et alius tritus et inveteratus. Unus portehors.ᵃ Unum processionale. Unum bonum missale. Duo psalteria, unum vetus et unum bonum novum ex dono domini Gosselini in presencia domini Decani. Unus calix argenteus bene deauratus intus et exterius. Tria paria vestimentorum debilium cum ornamentis suis, et post aliud bonum cum bona casula de serico. Quatuor pallee altaris benedicte et quinta non benedicta. Unum velum quadragesimale. Unum lintheamen ante crucem. Tria paria corporalium. Una pixis stagnea ad deponendum Corpus Domini. Unum crismatorium competens cum sera. vᑫᵘᵉ vexilla et unus draco.ᵇ p. 138. Una crux cuprea, et alie tres depicte lignee. Tres tabule ad magnum altare posite gradatim in assensu,ᶜ et una tabula coram altari beate Marie, et alia tabula coram altari beati Jacobi. Duo superpellicia et ij rocheta. Ecclesia dedicata est in honore sancti Andree die translacionis sancti Benedicti.ᵈ Eodem die xxx dies veniales.ᵉ Item fons baptismalis bonus et novus.

Ex legato Radulphi sacerdotis ad lampadem in cancello ante

ᵃ Portehors : a breviary.

ᵇ Draco : Effigies draconis, quæ cum vexillis, in ecclesiasticis processionibus deferri solet, qua vel Diabolus ipse, vel hæresis designantur, de quibus triumphat Ecclesia.—Ducange. Diabolus enim, ut ait S. Augustinus (Hom. 36 in Scripturis Sanctis), *Leo et Draco est : Leo propter impetum, Draco propter insidias.*

ᶜ Gradatim in ascensu : this arrangement does not recur in these Inventories.

ᵈ Translatio S. Benedicti : July 11. Here, as in many other instances, the day of the patron saint is not the day of the Dedication of the Church.

ᵉ Triginta dies Veniales : an indulgence of thirty days of pardon to those who heard Mass on this day.

altare beati Andree j ovem. Bartholomeus Faber j ovem. Egidia
vidua j ovem. Willielmus de Crabeham j ovem. Bartholomeus
Faber respondet et lampadam sustinet modo Gunilda uxor ejus.
Item ad cereum faciendum in vigilia beate Marie. Egilia de la
Hale dedit j ruscam ª et j vaccam, de quarum exitu Roger le Hert
modo respondet ad sustentacionem unius lampadis imperpetuum
ante altare beate Marie. Idem Roger j angnum ᵇ de legato habet,
modo est ovis. Johannes filius Galfridi Meifey habet j ovem.
Willielmus testor j ovem. Gilbertus prepositus j ovem. Juliana
filia Willielmi Gobbe j ovem. Johannes de Fonte j ovem de
testamento Johannis filij Willielmi Standhard pro qualibet dabitur
ijđ. In vigilia sancte Trinitatis Alexander de Bosco recipet iiijᵒʳ
matrices oves ex testamento Cristine filie Sirich But, pro quibus
dabit viijđ annuatim ad luminare trium altarium et ante crucem.
Memorandum quod Paganus de Boscho recepit j vaccam precii iiij s.
et iij oves precij iij s. de testamento Johannis de Araz, ad
sustentacionem unius lampadis ante crucem imperpetuum, et
ardebit singulis annis per iiijᵒʳ noctes festivales.

De ponte de Hegbreg.

Isti tenent oves ad emendacionem pontis.ᶜ Roger pistor ᵈ j ovem.
Bricius pistor iij oves. Jordanus de Bosco ij oves. Alexander
Sprot j ovem. Ricardus Buell j ovem. Petrus de cruce j ovem.
Isti sunt tenentes oves ad rotam. Eadmundus de Marisco ij
oves, Ricardus Sauegel j ovem, Eadwardus pistor iiij oves, Roger
Sprot j ovem, Eadwardus Seldarke j ovem, Villefredus Heselet ij
oves, Matilda de Mora j ovem, Matillda buelł j ovem.

ª Rusca : Apium cubilo voce *Rusca* revera intelligendum esse confirmant charta
annum circiter 1080, e tabulario S. Albini Andegavensis. Vide Thomam Blount
in Nomolexico Anglicano, et supra vocem *Hestha*, ubi *Busca butyri* memoratur
pro certa butyri quantitate seu massa *ruscam* apium fortean referente.—Ducange.

ᵇ Angnum : that is, agnum.

ᶜ Pons : the bridge from which Heybridge is so called.

ᵈ Pistor : the miller.

Status ecclesie de Hegbreg.

David vicarius perpetuus habet domos bonas et aream prope
ecclesiam. Infra vicaria habet altaragium cum terris pertinentibus
ad vicariam de curia et de tota villata, sed inter festum ad vincula [a]
non reditur decima de caseo vel lacte curie, nec de Molendino quia
est in dominico. Decima dominij et parochie datur integraliter de
garbis ad luminare beati Pauli.[b] Reddit ecclesia synodales et
denarios ut in prima inquisicione Willielmi[c] Decani Radulphi.[d]

Tenentes de ecclesia de Heubreg͠.

Clemens ad Moram v acris in duabus croftis et reddit xx đ.
Johannes Gobbe j acra et reddit vj đ. Walter Seler v acris et
reddit xij đ. Johannes ad portam j parvam grovam et reddit iiij đ
sed grava destructa est. Johannes Herde iij acras et reddit xij đ
per Magistrum W. de Purle. Walter Trip j curtilagium et reddit
vj đ per Magistrum W. de Purle.

TILLINGHAM.

p 138b.

Ornamenta ecclesie de Tillingham in die Translacionis beati
Wlstani Wygorniensis Episcopi,[e] Anno gracie M° CC° xl° nono.
Visitante Henrico Decano.

Missale satis bonum et novum notatum cum littera aurea in
principio. Item missale vetus sine nota. Item ordinale de usu
sancti Pauli. Item gradale cum suo tropario notato. Item

---

[a] Ad vincula : that is, S. Peter ad vincula, August 1.

[b] Beati Pauli : St. Paul's Cathedral.

[c] Willielmi Decani : Up to this period three deans of St. Paul's had borne the
name of William. The first, William, 1111-1138; the second, William de Basinges,
about 1212; the third, William de Sancta Maria, 1241-1243.

[d] Radulphus : There is no Ralph amongst the list of deans until the well-known
Ralph de Baldock, 1294-1306. The name Willielmi is marked with dots below it,
as for erasure, and the name Radulphi is inserted by a somewhat later hand; but
probably the original reading is correct.

[e] Translatio beati Wlstani : that is, June 7.

gradale sine tropario bonum et novum. Item antiphonarium cum collectario, capitulario, ympnario, in magno volumine. Item legenda bona cum psalterio in principio. Item ij psalteria vetera. Item processionale bonum. Item tropaiium in uno volumine per se bonum et bene notatum. Item manuale. Item martylogium satis bonum et novum. Item antiphonarium sine collectario capell'ª ympnario.

Item ij paria vestimentorum festivalium parata serico, quorum unum habet casulam de serico cum lacis aurifrigiis. Item vestimentum pertinens ad altare sancte Marie cum casula de veteri serico. Item ij paria vestimentorum ferialium trita cum casula de fustamine. Item iiijᵒʳ paria corporalium. Item ij albe cum una amicta de aurifrigio in tribus frustis, quarum una bene parata serico, et alia sine paratura. Item casula vetus non magni precij. Item x palle benedicte quarum due parate una serico et altera aurifrigio. Item capa chori crocea cum duobus tassellis ᵇ brusdatis Majestate ᶜ et Maria. Item ij superpellicia et nullum rochetum. Item velum bonum et novum de pannis tinctis incisis. Item ijᵒ manutergia. Item iiijᵒʳ lintheaminia ad altare. Item tres panni veteres ad cooperiendum altare. Item tria tapeta vetera. Item panni crismales, lvj.ᵈ Item calix argenteus intus et deforis deauratus. Item alius calix tantummodo deauratus cum pomello deaurato. Item crux cooperta argento. Item due pelves de

---

ª Capell': probably for capitulario.

ᵇ Tassellus : pro humerali pluvialis seu aureo argenteove aut serico textili, quo tribers sacræ postica pars adornatur.—Ducange.

ᶜ Majestas : figura Patris æterni in throno sedentis, aut Crucifixi imago, quæ in antiquis missalibus picta est ante canonem . . . . unde in quibusdam legitur hæc rubrica, *Osculetur Majestas*, aut *Osculetur Majestatem.*—Ducange.

ᵈ lvj : so in MS. "It would seem that these chrysoms formed a part of the small revenues of a parish church, being kept and lent on occasions to people too poor to provide decent ones for themselves. In the odd collection of miscellaneous matter called *Arnold's Chronicle*, we find an entry in 'the valew and stynt of the benefyce of Saint Magnus at London brydge yerly to the person,' as follows :

'℟ Cresoms and preuy tythes.' "

This is in 1494. *Monumenta Ritualia*, second edition, i., 27.

asmallo.   Item duo urcei [a] de stagno.   Item duo urcei de asmallo.
Item turribulum vetus.   Item navicula ad imponendum incensum.
Item unum lavatorium ereum.   Item iiij[or] arche ad imponenda
vestimenta et alia ornamenta ecclesie.   Item pixis argentea ad
Corpus Domini.   Item teca yburnea.   Item tria vexilla nova
parata aureis pellis de armis Regiis.[b]   Item iiij[or] vexilla non nova.
Item reliquiare in feretro ligneo deaurato.   Parvus pecten longum
quondam beati Thome,[c] ut dicitur.   Item parvum feretrum de
ossibus, cum parvis reliquiis.

Item ad luminare ejusdem ecclesie eodem tempore Radulphus de
Hore tenet j ovem pro ij ₫ per annum, Radulphus Crux iij oves
pro vj ₫, Godefridus Grom j ovem pro ij ₫, Robertus filius Hugelot
j ovem pro ij ₫, Roger del Perer iij oves pro vj ₫. Eudo mercator
iiij oves pro viij denariis et obolo et manet extra parochiam,
Johannes Snot ij oves pro viij ₫ et manet extra parochiam, Adam
de Gaisle j ovem pro ij ₫, Petrus de Gaysle j ovem pro ij ₫,
Ricardus Manctildus ij oves pro iiij ₫, Ricardus Passeauaunt j
ovem pro ij ₫, Henricus Oches ij oves pro iiij ₫, Eadwardus Brid j
ovem pro ij ₫, Walterus King ij oves pro iiij denariis, Radulphus
de Campo j ovem pro ij ₫, Adam Tik ij oves pro iiij ₫, Williemus
Passcauant ij oves pro vj ₫, Johannes de Estware j ovem pro ij ₫
et manet extra parochiam, Walterus Passeauant ij oves pro iiij ₫,
Walterus Permentarius j ovem pro ij ₫, Nicholaus Bercher j ovem
pro ij ₫, Reginaldus Brun j ovem pro ij ₫, Johannnes filius
Aylwini ij oves pro iiij ₫, Johannes Cok j ovem pro ij ₫.
Radulphus Hore tenet j vaccam ad lumen Sancte Marie.   Leticia
uxor Gilberti j vaccam et j ovem ad cereum Sancte Marie.
Henricus Persona j vaccam ad lumen Sancte Marie et j ovem ad
lumen Sancti Michaelis.   Walterus Clericus tenet j equum et j
ovem et j agnum precij viij Ꝫ ad inveniendum cereum ante crucem.
Hugo Koc v oves pro x ₫.   Godefridus filius Payn viij oves pro

p. 139.

[a] Urceus : a pitcher.
[b] Vexilla : banners with the Royal Arms.
[c] The comb of St. Thomas à Becket.

. xvj đ per annum, et sunt in arreragio xvj ꝭ de xvj annis, de quibus Saerus Vicarius fuit executor. Gunnor uxor Symonis iij oves pro vj đ, et detinet ij oves. Rogerus Godsaule j ovem pro ij đ. Johannes Bercher j ovem pro ij đ. Johannes filius Philippi ij oves pro iiij đ. Odo Carpentarius j ovem pro iij đ oƀ. Walterus filius Reyneri iiij oves pro viij đ. Godefridus Comes iij oves pro vj đ. Thomas filius Baldewini ij oves pro iiij đ. Eustachius iiij oves pro viij đ. Symon de Slo v oves pro x đ, et detinet omnes. Radulphus Pach j ovem pro ij đ. Odo le Poter v oves pro xx đ. Odo de Gardino j ovem pro ij đ. Elyas Molendinarius j ovem pro ij đ. Gervasius ij oves pro iiij đ. Matilda Bosse j ovem pro ij đ. Ipolitus ij oves pro iiij đ, extra parochiam. Johannes Bosse ij oves pro iiij đ. Willielmus de Hida ij oves pro iiij đ. Rogerus Grom j ovem pro ij đ. Sawale Dote j ovem pro iij oƀ. Gumfridus Hacun ij oves pro iiij đ, extra parochiam. Robertus Otewy j ovem j đ, extra parochiam.

Status ecclesie de Tyllingham deficit hic quoad vicariam.

ALDEBIRI.

Status ecclesie de Aldebiri inventus est in festo Sancti Marci Anno
gracie M° CC° lij.

Missale vetus cum gradali bene notato et de bona littera in debili percameno et male ligatum, habens multa folia rupta. Item Gradale vetus et notatum male ligatum nen de usu Londoñ ecclesie. Item liber troparius notatus in debili percameno et paret sufficiens. Item liber breviarius cum antiphonario notato de bona litera, veteri male ligatus et male custoditus, habens in capite kalendarium vetus. Item liber manualis cum collectis et capitulis et quibusdam
. exorcismis, et cum ympnis in fine, non ligatis, aliquantulum bene sufficiens. Item psalterium vetus male sufficiens, quia male custoditum. Item aliud psalterium aliquantulum sufficiens. Item pars antiphonarij, incipiens a dominica prima post octabas Pentecostes

usque ad primam dominicam ·mensis Augusti; temporalis, scilicet postmodum sequitur Officium Trinitatis cum sequentibus festivitatibus Sanctorum usque ad festum Sancti Andree.   Item officium Dedicacionis Ecclesie, et postmodum Commune Sanctorum.   Antiphonarium usque commune Officium de Virginibus totum notatum cum foliis ruptis et male custoditis.   Item parvus liber ordinalis in quaternis non ligatis.

Item calix argenteus albus exterius cum tupsa ª deaurata interius cum cupa vacillante, alias sufficiens.   Item unum vestimentum vetus et plenarium cum corporalibus, sed casula ejusdem vetus et rupta sed sepulture tantum apta.   Item aliud vestimentum melius cum paraturis de panno serico plenarium et sufficiens cum corporalibus, et cum casula de panno serico ornato paupere aurifrigio dissuta anterius, alias sufficiente.   Item iiijᵒʳ palle altaris benedicte quarum ijᵉ habent paraturas.   Item vas crismatorium stagneum et sufficiens sed non habet scram.   Item nullum vas ad reponendum Corpus Domini, nisi tamen una pixis ad portandum ad egrotos.

Item j rochettum et duo superpellicia.   Item unus pannus de p. 139b. rems,ᵇ ut videtur, ad cooperiendos mortuos.   Item iij panni frontales de femisᶜ sufficientes aliquantulum.   Item manutergium unum ad sacrarium integrum et sufficiens et aliud parvum ad lectorium.   Item crux stagnea et depicta super majus altare, et alia parva et portabilis ad efferendum.   Item iiijᵒʳ phiale stagnee aliquantulum sufficientes.   Deficit vas aquarium et candelabra stagnea defficiunt et calix stagneus.   Deficiunt et cathene de turribulo.

Item due lampades sunt coram majori altari quas invenit Jamus ᵈ

ª Tupsa.   So in MS.   Did the scribe intend to write capsa ?

ᵇ De rems : that is, cloth of Rheims.

ᶜ De femis.   So in MS.   Perhaps of Venice work.   "The looms of Lucca, Florence, Genoa, Venice, and Milan earned for themselves a good repute in some particulars, and a wide trade for their gold and silver tissues, their velvets, and their figured silken textiles."—Rock, *Textile Fabrics,* lxxi.

ᵈ Jamus.   The scribe seems to have lapsed into English with a Latin termination.

frater Johannis de Patemore ex gracia et quidem alii parochiani terciam lampadem continue ardentem in officio debent invenire; Thesaurarius non invenit, sed habet vij acras terre arabilis de dono quondam Symonis Baard ad istam inveniendam. Item cercum paschalem invenit parochia per domos et famillas et rotellam simili modo. Item cereos et aliud luminare votivum inveniunt parochiani secundum sua vota; item vexilla, quia nulla. Item fons baptismalis in pariete undique discoopertus. Item cancellum vetus et male obseratum ad quod reparandum quindecim marce sunt prompte de legato quondam A. Thesaurarii.[a] De quibus xx solidi liberantur magistro Willielmo procuratori F. Thesaurarii [b] ad minutos lapides colligendos per parochiam. Item ecclesia non est dedicata. Dicitur quod J. Bayard habuit magnam partem illorum lapidum. Ecclesia in lateribus male cooperta et instricta. Cimiterium malam habet claustram. Item Capellanus qui ministrat ibidem habet totum altaragium cum minutis decimis, et solvit Thesaurario xl s.

PELLHAM FORNELL.

Status ecclesie de Pellham fornell [c] inventus in festo Sancti Marci Anno Domini M°CC° lij.

Inventum est Missale plenarium cum gradali bene notato et sufficiens, habens kalendarium in capite, finiens in collectis omnibus pro defunctis. Item in uno volumine troparium et gradale satis plenarium et notatum, sed male ligatum cum foliis ruptis et veteribus. Item in uno volumine legenda bona et sufficiens, temporale cum psalterio bono post legendam terminans in fine cum antiphona *salve Regina.* Item legenda sanctorum in quaternis, incipiens a festo Sancti Andree et terminans in brevi

---

[a] A.: that is, probably, Alexander Swerford, Treasurer of St. Paul's Cathedral, 1231-1233, or later.

[b] F.: that is, probably, Fulk de Sannford, Treasurer of St. Paul's.

[c] Pellham Fornell: otherwise called, as in the later inventories, Pelham Furneaux.

legenda in Dedicacione Ecclesie, sine legenda de Communi
Sanctorum. Item in alio volumine male ligato est breviarium
habens kalendarium in capite, collectarium intermixtum cum
antiphonario notato et psalterio et ympnario, et cum proprio
officio Sanctorum quod in parte non est notatum, nec Londoñ nec
Sarum ordinem continet, finiens in officio plurimarum Virginum.
Item deest liber manualis cum exorcismis et officio mortuorum et
baptismi. Item est ibi parvum psalterium bonum et sufficiens.

Item inventum est ibi vestimentum plenum paratum de serico,
cum casula de serico integra et sufficienti, et cum corporalibus
integris, et cum tribus pallis altaris benedictis, quarum due habent
paraturas de serico veteres. Item aliud vestimentum minus festivale,
ornatum paraturis sericis tritum et debile, cum casula de fustamine
rubeo veteri et debili cum corporalibus. Item aliud vestimentum
vetus et insufficiens, aptum sepulture. Non est ibi rochettus, sed
sunt ibi tria superpellicia quorum duo integra et tercium tritum.
Item calix parvus vix ponderis x solidorum alba cum cupa interius
deaurata. Item crismatorium stagneum sufficiens tamen sine sera.
Item vetus pixis ossea, continens parvam pixidem stangneam ad P. 140.
reponendum Corpus Dominicum, res nihil et vilis. Item frontale
nullius precij ad majus altare, et majus altare habet tabulam
lapideam bonam et sufficientem non benedictam. Item tamen
superaltare parvum benedictum et sufficiens ad tempus. Item
unicum est ibi manutergium ad ablucionem manuum sacerdotis
integrum. Item parvum velum quadragesimale vetus, nullius
precij. Item ad sacrarium sunt parva manutergia de crismalibus.
Est ibi turribulum parvum. Item iiijᵒʳ candelabra stagnea ad
cereos portandos vetera. Item iiijᵒʳ phiale stagnee veteres. Item
tantum unica crux ad portandum et ad offerendum. Item sunt ibi
extra chorum iiij altaria, quorum tria habent lapideas tabulas bonas
et honestas, quartum est de fragmentis et nullum benedictum.
Item ad altare Sancti Nicholai frontale habet honestum de panno
inciso, et pallam altaris bordatam de panno serico ex provisione et
gracia R. Capellani. Item est ibi fons lapideus intus vestitus

plumbo sufficiens, sed non habet seram.   Item ecclesia bene cooperta.

Item nullus redditus assisus est ad luminare, nec est ibi rotella. Cereus paschalis colligitur fortuito, tamen tenentes decem et octo acras dant obolum, tenentes medietatem solvunt pro medietate. Reliqui cerei et lampades coram crucibus et altaribus totum votivum et nichil certum.   Item archa est in custodia Capellani ad reponenda vestimenta et libros ecclesie.   Item desunt vitrine due in cancello. Item iiij^{or} vexilla ad nichil apta.   Item deficit vas aquarium stagneum.   Item cimiterium pessime clausum veteribus spinis. Item Capellanus ibidem ministrans habet totum altaragium cum minutis decimis et solvit xx solidos Thesaurario.

PELHAM ARSA.

Status ecclesie de Pelham Arsam inventus in crastino Sancti Marci Ewangeliste Anno Domini M°CC°lij°.

Missale cum kalendario cum gradali bene notato plenarium et sufficiens sed male ligatum.   Item gradale in uno volumine sufficiens sed male ligatum.   Item troparium in quaternis non ligatum et semiplenum.   Item breviarium in duobus voluminibus temporale per se, cum antiphonario bene notato cum psalterio ordinato pro majori parte.   In alio [vo]lumine Proprie Sanctorum et Commune Sanctorum, cum antiphonario nullius ordinis et pessime utrisque ligatis.   Deficit autem ibi liber manualis et liber ordinalis et media pars troparij.

Item calix argenteus albus cum pomello deaurato et circulo pedis et cupa interius deaurata, ponderis circiter j marce.   Item est ibi unum vestimentum cum casula veteri et insufficienti, et cum corporalibus et plenarium.   Item est ibi aliud vestimentum veterius et minus sufficiens, cum casula veteri de fustamine, cum corporalibus sepulture vix sufficiens.   Item vetus superpellicium et ruptum, nullum rochettum.   Item iiij^{or} palle altaris benedicte, quarum ij insufficientes et rupte.   Item est ibi frontale de serico honestum.

p. 140b.

Item aliud frontale incisum de pannis lineis tinctis.   Item nulle palle ad sacrarium nec ad manus sacerdotis.   Nullum velum quadragesimale est ibi.   Unum vexillum de serico parvum croceo et rubeo.   Item vas crismatorium stagneum sufficiens sed sine sera. Item parvula pixis stagnea ad Corpus Domini reponendum debilis et insufficiens, in bursa pendens super altare in periculo.   Item est ibi tabula lapidea satis sufficiens ad majus altare, non benedicta. Item superaltare benedictum et sufficiens.   Parietes cancelli sine lineamento cementi.   Deest vitrina ubi sedent ad psallendum.   Est ibi fons lapideus interius instructus plumbo sine sera.   Unica crux est ibi in majori altari nec altera ad efferendum.   Item tres veteres phiale stagnee.   Item turribulum parvum et parum sufficiens.

Ad luminare ejusdem ecclesie est nichil certum, sed cereus paschalis colligitur, scilicet, quadrans de quolibet mesuagio ex consuetudine.   Item ij candelabra stagnea vetera.   Due acre de dono quondam Galfridi Sarvors sunt in dominico Thesaurarii, pro duobus cereis inveniendis in majori altari, sed tempore F.[a] Thesaurarii nichil inde ministravit ecclesie.   Relictum luminare ecclesie totum votivum est.   Altaragium preter medietatem primi legati reddit j marcam.   De residuo sustentatur Capellanus et Clericus suus annuus.   Ecclesia est de beata Virgine et non dedicata.   Capellanus hospiciolum habet prope cimiterium in fundo ecclesie.   Palle non dantur eis ad stauramenta ecclesie.   Item deest aquarium.   Due parve campane sunt ad efferendum coram defunctis.   Item cimiterium pessime clausum.   Gradus ante altare majus lutei sunt sine lapide sine ligno et sine cemento.   Deest pixis ad hostias.

---

[a] F. Thesaurarii : *see* supra, p. 18.

NASTOK.[a]

Ornamenta apud Nastok inventa in crastino Sancti Gregorij Anno Domini M°CC°lj°.[b]

Missale novum et plenarium et bene notatum, habens in capite kalendarium, illuminatum auro, et duas primas literas ejusdem missalis illuminatas auro, et terminatur post Officium Defunctorum in tribus collacionibus de Sancta Radegunda. Item bona legenda in duobus voluminibus paribus et ligatis in asseribus. Item duo libri antiphonariis bene notatis, sed non secundum consuetudinem Londoñ, quorum alter male ligatus. Item gradale bonum et bene notatum sed male ligatum, cum tropario bene notato. Item aliud missale bonum et bene notatum sed magis tritum. Item psalterium bonum et sufficiens. Capitularium et ympnarium bene notatum, habens in fine Commune Officium Sanctorum notatum et kalendarium in principio. Item parvus liber manualis non ligatus cum officio defunctorum. Item liber qui dicitur ordinalis de bona litera sed male ligatus, habens kalendarium debile in capite. Item calix argenteus ponderis xiiijs et parum plus tenuis. Item ad majus altare sunt tres palle benedicte et unum frontale vetus. Ad altare beate Marie sunt tres palle benedicte et bone. Ad aliud altare Sancti Jacobi sunt alie palle non benedicte. Item sunt ibi tria vestimenta plenaria cum tribus casulis, quorum unum magnum sollempne et sufficiens, reliquum cum casula de serico debili et paupere aurifrigio, tercium minus sufficiens cum casula de albo fustamine. Item duo paria corporalium integra et sufficiencia. Item due ampulle et una pelvis stagnea.[c] Item unum turribulum de

---

[a] In the margin is the following note : " Deficit hic et infra de statu ecclesiarum preterquam de ornamentis. Nastok', Thorp', Walton', Kyrkeby, Belcham, Wykham, Tylliugham, Chingelford, Bernes, Draytone, Ronewell."

[b] St. Gregory's day is March 12.

[c] In the margin is a note : " Ornamenta apud Nastok' inventa in crastino Sancti Gregorij, Anno Domini M°CC°lj°."

tempore Limoniocensi.[a] Item crux una de eodem opere. Item
crismatorium stagneum aliquantulum sufficiens. Item pixis eburnea   p. 141.
ad Corpus Domini, sed non habet vas in quo reponatur. Item ij
superpellicia sufficiencia et unum [b] vetus minus sufficiens.   Item ij
rochetti veteres. Item ij veteres casule inutiles preter supradictas,
jusse sunt destrui et fieri frontalia; et duo albe veteres sepulture
defunctorum tantum sufficientes. Item ad rotellam colliguntur per
villatam xxxij đ, scilicet de mesuagio o bolus, et tantum colligitur ad
cereum paschalem. Propter supradictos denarios constitutus est
redditus per Johannem de Bernes : scilicet, xxiij đ, de Waltero
Terri et heredibus suis, et j đ de Radulpho le Bunde de terra que
vocatur Assartum quam Johannes de Bernes tenuit de Johanne
Wiḡ et solvitur ad Pascha ad duos[c] cereos ante altare beate Virginis.
Item ecclesia dedicata fuit: ruptum et post superaltare. Item
velum quadragesimale vetus et debile.

TORP.

Ornamenta inventa in ecclesia de Torp'.[d]

Calix argenteus fractus et parvi precij. Item missale vetus et
notatum habens kalendarium in capite aliquantulum sufficiens.
Item gradale vetus et notatum, non ligatum et male sufficiens.
Item breviarium vetus cum psalterio in capite et cum antiphonario
non notato inter legenda, et male ligatum et ruptum. Item antiphonarium in asseribus vetus et notatum, multos habens defectus
et male ligatum, continens Officium Sanctorum cum temporale.
Item liber portehors, qui est Vicarij, de minuta litera habens

---

[a] Of Limoges work.

[b] The scribe has written unus, but he has placed a mark of erasure under the final letter.

[c] The scribe has written ad duos terminos, but has erased the last word.

[d] Torp': that is, Thorpe.

legendam et plura responsoria et ympnarium cum capitulario et collectario et psalterio. Item parvus liber ympnarius sine asseribus. Item liber ordinalis in asseribus habens officium quarundam processionum in fine. Item aliud gradale vetus in asseribus et notatum sine regula, habens troparium in fine male sufficiens. Item aliud vetus notatum in asseribus. Item ij vestimenta plenaria sunt ibi cum casulis, quarum una vetus et trita, et alia nova de serico bona et sufficiens. Item iij pulle altaris nove et benedicte. Item iij veteres quarum alie benedicte et j insufficiens. Item parva pixis argentea ad Corpus Domini reponendum, sed deest lignea sine sera ad illam claudendam. Item ij paria corporalium sordida sed integra. Item vas crismatorium vetus et ruptum et sine sera. Item tres phiale cum pelvi stagnea. Item turribulum ferreum et vetus. Item velum quadragesimale vetus et omnino insufficiens. Item duo superpellicia et unus rochettus nullius precij. Item alia manutergia ad sacrarium sordida et rupta. Item vas aquarium stagneum et sufficiens. Item ij yconie beato Marie honeste ad majus altare, et tabula depicta loco frontalis. Item ymago lignea.

Isti subscripti tenent pecora ad sustentacionem luminaris ecclesie de Torp', scilicet oves.

p. 141b.

Ricardus Sap .	.	ij	Gervasius Derman . .	ij
Hugo carectarius	.	iij	Edilda vidua . . .	j
Andreas Turben	.	ij	Willielmus de Hida . .	j
Radulphus Belle	.	iiij	Johannes filius Ricardi .	j
Alicia relicta Almere	.	ij	Radulphus portarius .	ij
Heymundus filius Marci .	ij		Willielmus Bercarius .	ij
Sagrim	ij		Thomas filius Symonis . .	ij

Summa xxviij et de qualibet redduntur ij d
per annum ad rotellam.

Item alia pecora ad luminare ad cereos coram cruce.

Thomas filius Symonis	.	ij	Sagrim	j
Thomas Crol .	. .	ij	Radulphus de Duna .	. j
Rogerus Goldwin	. .	j	Ricardus Diabolus [b] .	. ij
Ricardus Gulidenkewold [a].		j	Walterus Baz . .	. iij
Eadmundus Campe .	.	ij	Cristina vidua . .	. ij
Walterus Hubert	. .	ij	Robertus Walgorum	. j

Summa xx de qualibet redduntur ij đ ad cereos coram cruce.

Item alia pecora ad luminare Sancte Margarete.

Eadmundus Campe .	.	ij	Hugo carectarius	. . j
Willielmus bercarius [c]	.	j	Heymundus sutor	. . j
Johannes li poter	. .	j		

Summa vj et de qualibet redduntur ij denarij ad luminare beate Margarete in capella extra ecclesiam per annum.

Item alia pecora ad luminare Sancte Marie in capella extra ecclesiam.

Robertus Walgor	. .	j	Eadmundus Campe .	. j
Hugo Sagor .	. .	j	Heymundus sutor	. . j
Johannes Blundus .	.	j		

Summa v et de qualibet redduntur ij denarij ad luminare beate Marie in capella extra ecclesiam per annum.

[a] The fourth letter in this name has a dot beneath it, marked, probably, for erasure.

[b] Ricardus diabolus. Is this a village nickname, or can it possibly be an attempt to latinise Deville ?

[c] Bercarius: a shepherd.

Item alia pecora ad cereos coram beata Virginis* juxta majus altare.

Hugo Horencok . . ij	Stephanus li Petit . . iiij
Gervasius de Ecclesia . j	Walterus Godeholt . . j
Matilda relicta Heymundi. vj	Thomas Barkere . . j
Gervasius filius Jordani . ij	Ricardus prepositus . . ij
Thomas Grim . . . j	

> Summa xix^b et de qualibet redduntur ij denarij ⎞
> per annum ad cereos coram beata Virgine ⎬
> juxta majus altare. ⎠

Item de dono Symonis Vicarij ad sustentandum cereum in qualibet missa majoris altaris.

Una marcata ovium vel aliorum de suo proprio dum vixit et de bonis ipsius defungentis providenda ut sit lumen perpetuum. Item de dono Andree filij Stephani ad cereum unum in perpetuo sustinendum modo simili super majus altare j vacca precij v solidorum et vj oves qualibet precij xij đ. Ista tradita sunt in manu Roberti Fabri qui reddet inde xij solidos in festo Sancti Laurencij ad ceram emendam. Item de legato Ricardi filij Thome unam vaccam precij vj ʂ, est in manu relicte ipsius, et reddet inde xij đ per annum ad alium cereum ad predictum festum. Nullus redditus est ad cereum paschalem. Item de legato quondam Asceline de Campo v oves ad unum cereum sustinendum coram altari predicto beate Virginis precij cujusque xij đ. Et sunt in manu Ricardi filij Matilde et reddet inde x denarios per annum.

WALTON.

Ornamenta inventa in ecclesia de Walton'.

Inventum est ibi dominica passionis^c Anno Domini M°CC°lj°.

ᵃ Beata Virginis. So in MS.
ᵇ xix. So in MS., but the sum is xx.
ᶜ Dominica passionis: Passion Sunday, the fifth Sunday in Lent.

Missale optimum et notatum et sufficiens et plenarium habens in capite kalendarium et in fine partem troparii. Item aliud missale debile.   Item antiphonarium in duobus voluminibus optimum p. 142. sufficiens et plenarium cum legenda psalterio capitulario collectario, et notatum secundum medietatem anni et aliud antiphonarium minoris precij. Item unum ordinale. Item j gradale. Item j troparium.   Item j manuale. Item calix argenteus cum duobus paribus corporalium.   Item ij paria vestimentorum quorum j casulam de serico est de proquisito ᵃ Alexandri et parochianorum. Item iij palle benedicte ad majus altare et ij ad altare beate Virginis. Item capa serica ornata aurifrigiis de dono Magistri R. de Stanford.ᵇ Item ij superpellicia debilia et j rochectus. Item ij candelabra.   Item j chalon ᶜ ad exequias mortuorum. Item j cista parva ex donacione G. quondam Vicarij, plures reliquie ex donacione et concessione predicti G., cum quadam cruce in qua est pars aliqua de Dominico ligno.ᵈ Item est ibi defectus vasis crismatorij et pixidis ad reponendum Corpus Domini. Item lapis sacrarij nimis humilis est et exaltandus. Item ij tabule lapidee.   Desunt duobus altaribus inferioribus quelibet est nunc ex ij frustis et non possunt dedicari. Item desunt tres lucerne in tribus parochiis ᵉ ad precedendum Corpus Dominicum. Item est parva navicula ad incensum. Item ij phiale stagnee. Item turribulum bonum. Item fons lapideus bonus tamen sine sera. Item velum quadragesimale vetus et ruptum. Item crux portabilis honesta et sufficiens. Item alia crux bona et sufficiens super majus altare. Item desunt tres calices stagnei in tribus parochiis. Item ecclesia est dedicanda. Item tabula depicta loco frontalis.

ᵃ De proquisito. So in the MS.

ᵇ Fulke of Stanford was Archdeacon of Middlesex from April, 1244, for a short period. He was also Prebendary of Ealdland. Perhaps the person named in the text may have been a kinsman.

ᶜ Chalon : chalo, chalonus, pars supellectilis lecti, straguli species.—Ducange. Probably a funeral pall.

ᵈ Dominicum lignum : the wood of the Cross.

ᵉ Probably the three parishes called "The Sokens," Walton, Kirkby, and Thorpe.

Isti tenent pecora ad sustentacionem luminaris
de Walton' ad rotellam.

Ricardus li But j ovem
solvet   .   .   .   ij đ

Willielmus filius Galfridi
ij oves   .   .   .   iiij đ

Eadwardus le May ij
oves   .   .   .   iiij đ

Alicia relicta Tixtoris ij
oves   .   .   .   iiij đ

Eadmundus le Brun j
ovem   .   .   .   ij đ

Adam filius Cecilie de
Marisco v oves   .   x đ

Ricardus filius Reyneri
vij oves   .   .   .   xiiij đ

Johannes de la Hulle j
ovem   .   .   .   ij đ

Galfridus Hamelin ij
oves   .   .   .   iiij đ

Juliana de la Holte j
ovem   .   .   .   ij đ

Alicia relicta Blanci ij
oves   .   .   .   iiij đ

Summa ᵃ iiij soł, viij đ.

Item ad luminare ante crucem.

Radulphus de Marisco j
ovem   .   .   .   ij đ

Walterus filius Goldive
j ovem   .   .   .   ij đ

Walterus filius Davidis
j ovem   .   .   .   iij oƀ

Gerardus filius Wyberti
j ovem   .   .   .   ijđ

Ricardus Crisp j ovem .   ij đ

Henricus Crisp de dimi-
dia ove   .   .   .   j oƀ

Summa ᵇ x denarij.

Item luminare beate Virginis.ᶜ

Alicia mater Henrici j
ovem   .   .   .   ij đ

Hugo filius Davidis
ij oves   .   .   .   iiij đ

ᵃ Summa. So in MS.; lege iiij sol. iiij d.
ᵇ So in MS.; lege xij den. ob.
ᶜ At the foot of the page is a note : "Isti tenent pecora ad sustentacionem luminaris de Walton' ad rotellam ; " but it is not clear to whom it refers.

Willielmus filius Gal-
fridi v oves. . . xd

Ricardus le Buc j ovem ij đ

Jacobus de Marisco ij
oves. . . . iiij đ

Eadwardus filius Davidis
j ovem . . . ij đ

Walterus Tubbing j
ovem . . . ij đ

Saful filius Alani iij
oves. . . . vj đ

Brumman Ewe ij oves iiij đ

Thomas filius Roberti
iiij oves . . . viij đ

Sabina de Spina j ovem ij đ

Ricardus Bancum vj
oves. . . . xij đ

Ricardus Hendi j ovem ij đ

Eadmundus le Brun ij
oves. . . . iiij đ

Radulphus tixtor j ovem ij đ

Jordanus de Olta vj oves xij đ

Henricus Turstan vj
oves. . . . xij đ

Walterus Rand' j ovem ij đ

Radulphus de Marisco
j ovem . . . ij đ

Alicia relicta Jordani
j ovem . . . ij đ

Robertus David ij oves iiij đ

Walterus de Stroda j
ovem . . . ij đ

Matilda filia Roberti j _p. 142b._
ovem . . . ij đ

Galfridus Hamelin j
ovem . . . ij đ

Henricus Crispus de
dimidia ove . . j ob

Robertus de North ij
oves. . . . iiij đ

Henricus de Ponte pro
anima W. de Burn-
ham. . . . xij đ

Idem Henricus de vj
ovibus . . . xij đ

Ricardus de Stroda j
ovem . . . j đ

Alexander filius Rich-
olde j ovem . . ij đ

Summa * xj sot iiij đ et ob.

Item ad luminare beati Michaelis.

Gerardus filius Wyberdi
j ovem . . . ij đ

Willielmus filius Galfridi
iij oves . . . vj đ

Johannes Kigbel v oves xd

Robertus de North j
ovem . . . ij đ

* So in MS.; lege vj d.

Alicia relicta Livig' j		
ovem . . .	ij đ	
Alexander li Gant ij		
oves	iiij đ	
Eadmundus de la Dune		
ij oves . . .	iiij đ	

Alexander Clericus ij		
oves	iiij đ	
Walterus Goldive ij		
oves	iiij đ	
Andreas filius Aldive j		
ovem . . .	j đ	

Summa iij soł iij đ.

Item ad luminare ad altare majus.

Jordanus Kelbel ij		
oves	iiij đ	
Eadwinus de Marisco		
sive relicta ejusdem j		
ovem . . .	ij đ	
Eadwardus le May viij		
oves	xvj đ	
Saphul filius Estrud ij		
oves	iij đ	
Ricardus Baucun iij		
oves	iiij đ	

Robertus de north j		
ovem . . .	ij đ	
Andreas le Gant j ovem	ij đ	
Walterus de la Strode j		
ovem . . .	ij đ	
Willielmus filius Galfridi		
j ovem . . .	ij đ	
Randulphus textor j		
ovem . . .	ij đ	
Robertus David ij		
oves	iiij đ	

Summa* iij ş vj đ.

Item ad luminare ad idem altare.

Ricardus le Brit viij oves	xvj đ	
Alicia relicta Johannis		
Liviğ j ovem . .	j đ	

Relicta Dannani iiij oves	iiij đ	
Alexander Clericus j		
ovem . . .	ij đ	

Summa xxiij đ

Summa tocius reddendo xxv ş vj đ oƀ non est aliquis redditus ad
cereum paschalem.ᵇ

* So in MS.; lege vij d.
ᵇ The total is correct if the amounts given by the scribe are accepted. It will
require slight modification if the totals are taken as amended.

KIRKEBY.

Ornamenta inventa in ecclesia de Kirkeby.

Inventum est ibi Dominica Passionis Anno Domini M°CC°lj° Missale vetus nullius ordinis cum gradali non notato. Item gradalia duo quorum unum cum tropario et aliud non ligatum sine tropario. Item troparium parvum et vetus. Item antiphonarium bonum et notatum in asseribus sufficiens et bene ligatum. Item liber manualis habens psalterium in capite collectarium capitularium et ympnarium, cum omnibus antiphonis ad *Laudes* et super *Benedictus* et *Magnificat,* tam in temporali quam in festis Sanctorum. Item legenda vetus insufficiens et non ligata. Item alia legenda ab Adventu usque ad Dominicam in ramis palmarum, cum historiis legenda et ympnis de Sancto Michaele [*] et introitu misse. Item omeliarium bonum; temporale a Pascha usque ad Septuagesimam de dono Capituli Sancti Pauli. Item calix argenteus ponderis x solidorum habens pedem debilem. Item pixis eburnea ligata argento ad Corpus Domini reponendum. Item crismatorium vetus et omnino insufficiens. Item aliud novum stagneum et sufficiens. Item tres fiale stagnec. Item pelvis stagnea. Item duo candelabra stagnea. Item vas aquarium stagneum et sufficiens. Item turribulum vetus eneum et insufficiens. Item crux processionalis lignea aliquantulum sufficiens. Item p. 143. quatuor palle benedicte ad majus altare, quarum due sufficientes et alie due fracte et minus sufficientes. Item tria paria corporalium sufficiencia. Item duo paria vestimentorum plenaria cum casulis et aliis, quorum unum bonum principale cum casula de sameto de dono Capituli, et aliud minus sufficiens cum casula de fustanno, et tercium vestimentum omnino insufficiens et fractum et suspensum. Item duo frontalea de linea tela. Item tabula depicta loco frontalis coram majori altari et omnes lapides majoris altaris dissoluti sunt.

---

[*] The church of Kirkby was dedicated to St. Michael.

Missa est postmodum tabula lapidea bona et sufficiens. Duo altaria inferius in ecclesia unum de beata Virgine et aliud de Sancto Petro cum tabulis depictis: nichil est eis depositum ad benedicendum.[a] Item fons marmoris sufficiens sed sine serura.

Ad cereum paschalem redditus, custos Alexander filius Roberti.

Augus Artur .	. j bidentem	Alexander Rewere . j bidentem	
Robertus Cors	. j bidentem	Willielmus de Geu-	
Jurdan de Holm	. j bidentem	deford .	. j bidentem
Ricardus de Campo. j bidentem		Agnes de Fercles . j bidentem	

Ad luminare beate Marie, custos Jordanus Dives et Robertus de la Bruere.

Jonannes filius Gode-		Aliz Luteras .	. j bidentem
lote . . . iiij bidentes		Agneta de Flek	. j bidentem
Robertus de la		Stephanus de Venelta j bidentem	
Bruere .	. iij bidentes	Thomas de Vilers . iij bidentes	
Johannes de Bruario ij bidentes		Robertus Laude	. viij bidentes
Felix . .	. j bidentem	Ricardus de Campo j bidentem	
Robertus May	. j bidentem	Elyas filius Mit	. j bidentem
Willielmus Credepol j bidentem		Johannes del Hel	. j bidentem
Thomas Hamiger	. j bidentem	Johannes Cok	. j bidentem
Cristiana de Brith	. ij bidentes	Gilbertus de Villa	. viij bidentes

Ad luminare ante crucem, custos Alexander.

Willielmus Chabot ij bidentes Agnes de Ferkel ij bidentes. Andreas filius Radulphi ij bidentes.

Ad cereum Sancti Petri.

Thomas de Fiulerf[b]	. iiij đ	Willielmus Bidunt .	. vj đ
Cors . . .	. ij đ	Domina Lucas .	. ij đ
Felix . . .	. viij đ		

[a] Probably no relics had been inserted.   [b] Fiulerf or Fuilerf.

Ad luminare Sancti Petri, custos Johannes Turstan.

Johannes Turstan	. vj bidentes	Tredepel .	. j bidentem
Radulphus de Hule	. j bidentem	Felix . .	. j bidentem

Redditus ad Rotam.

Petrus de Marisco	. xj bidentes	Wyot sutor	. j bidentem
Radulphus del Hel	. ij bidentes	Tredepel .	. ij bidentes
Thomas filius Hugonis	ij bidentes		

Ad luminare Sancti Michaelis.

Gerardus de Venella	iij bidentes	Benjamin de la	
Aliz Lucas .	. j bidentem	Bruere .	. ij bidentes
Walterus Sugge	. j bidentem	Jordanus Dabreĥe .	ij bidentes
Robertus de Gelde-		Elyas de Campo	. ij bidentes
ford . .	. j bidentem	Agnes de Ferkel	. j bidentem
Robertus Gendeford	j bidentem	Willielmus de Bruere	ij bidentes
Johannes Hereward	j bidentem	Adam de Marisco	. ij bidentes
Alive de Frene	. j bidentem	Hugo Tredepel	. ij bidentes

p. 143b.

Summa vij sol x deñ.

Ad duas lampades in Cancello.

Ricardus Fugge .	ij bidentes	Alexander de Rewere .	ij bidentes
Auĝ filius Luce .	j bidentem	Gerardus et Stephanus	
Barchalot .	. j bidentem	filij Symonis .	. j bidentem

Ad luminare ante crucem, custos Gerardus de Venella.

Adam de Marisco	. vij bidentes	Jordanus Faber .	. j bidentem
Aliz Lucas .	. j bidentem	Ricardus Scavi	. j bidentem
Henricus Ailmarus .	j bidentem